賽雷三分鐘
漫畫世界史

賽雷 全彩漫畫作品

3

賽雷三分鐘漫畫世界史 **3**

目 錄

蘇美

人類文明的火種

🌙 19世紀末20世紀初，幾個國家的考古隊在西亞（亞洲西部地區）的幾個遺址中，挖掘出了大量古文物，包括泥板、陶器、青銅器、貴金屬首飾……

🌙 對這些文物進行研究測定後，考古學家們激動得簡直想原地打滾，因為它們的年代竟然可以追溯到西元前5000年左右，這比當時已知的任何人類文明都要早得多。

🌙 隨著研究不斷深入，這些文物背後的古老文明向世人緩緩揭開了神祕的面紗，它的名字叫做——蘇美文明。

蘇美文明假想圖

🌙 在氣候乾旱、沙漠廣布的西亞，有兩條非常寶貴的河流。

幼發拉底河

底格里斯河

🐚 在河水的滋潤下，兩條河之間的區域形成了肥沃的土地。和周圍的沙漠一比，這兒簡直就是天堂。

這片區域被後來的古希臘人稱為「美索不達米亞」，意思是兩條河之間的地方。後來，人們簡稱它為「兩河流域」。

🐚 大約西元前4500年，蘇美人來到了兩河流域定居，他們自戀地將自己的這片家園稱作「文明君主之地」。

🌙 具體來說，文明是指什麼呢？在石器時代，人類都是靠打獵、採果子為生，整天漂泊在外，還經常吃了上頓沒下頓，但蘇美人發明了一種全新的農業生產方式——灌溉農業。

🌙 蘇美人修建了許多水渠、運河、堤壩、水庫……把家附近的兩條大河，變成了隨用隨取的「自來水龍頭」。

🍌 然後，他們利用穩定的水源，開始種植大麥、小麥、小扁豆、洋蔥等多種農作物，從此再也不愁餓肚子了。

🍌 除了飲食，當時人類還面臨著居住的問題：他們一般都是找山洞住，可人一多山洞就擠不下了，這樣一來人口根本沒法壯大。

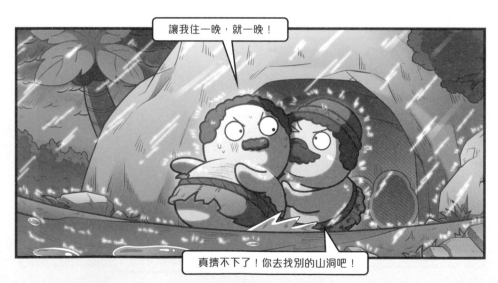

🌙 但蘇美人不一樣，他們會自己造房子。周圍的環境是沙漠多，樹木少，造房子的木材稀缺，蘇美人就把目光轉向了一種河邊遍地都是的資源——泥。

🌙 他們用泥土築成了一座座土屋，不過，土屋還是簡陋了些，經過三五年的風吹雨打就會殘破不堪，只能推倒重建。

🌙 但在石器時代，蘇美人至少基本解決了溫飽難題，點亮了人類文明的火種。

🌙 隨後蘇美人的文明突飛猛進，他們學會了燒製陶器、冶煉青銅，還發明和改良了非常多的工具，比如鋤頭、犁、輪子、袋子、鋸子、釘子、鏟子、叉子……還有刀、劍、錘、矛、弓等多種武器。

看看這些精美的器具，一般人可做不出來！

哼！誰還不會發明幾個小東西！

在農業方面，蘇美人圈養牛、羊、豬、驢等牲畜，並用牛來代替人耕地。

他們掌握了簡單的造船技術，可以輕鬆地沿河打魚。他們甚至學會了釀酒，高興時就咕咚咕咚喝酒。

🌙 在文化方面，蘇美人取得了令人讚歎的成就，他們發明了世界上最古老的文字——楔形文字。

這是一種象形文字，通常被刻在泥板、石碑上。

🌙 透過刻有楔形文字的出土文物，考古學家們發現，早在幾千年前，蘇美人就觀測並記錄了太陽系中的金星、木星、水星、火星、土星五大行星的運行情況。

🌙 根據月亮的圓缺，蘇美人把一年劃分為12個月。

🌙 蘇美人的數學水準也很驚人，他們採用六十進制計數，並把一小時分為60分鐘，1分鐘分為60秒，1個圓周分為6個60度也就是360度……這些至今還在沿用。

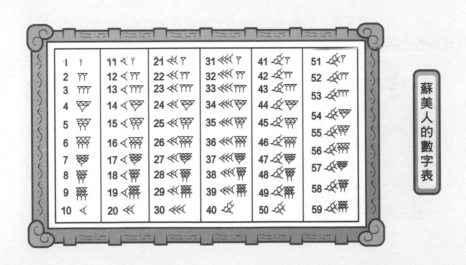

🌙 蘇美人還用楔形文字記錄了自己生活的各個方面，信件、帳單、醫書、法律條文、祈福咒語……甚至還有做菜的食譜。

🌙 但唯獨有一樣東西，蘇美人的紀錄非常神祕古怪，甚至可以稱得上詭異，那就是他們的歷史。

🌙 不同於大多數古老文明，蘇美文明並沒有形成一個大一統王國，而是由兩河流域的眾多獨立城市共同組成。一座城市就是一個國家，即一個城邦。每個城邦都由自己的最高祭司統治。

🌙 蘇美人相信，人是為了服侍神明而生的。

記錄祭祀儀式的蘇美壁畫

🌙 如果神明發怒，就會降下災厄懲罰世人，而人死之後，就只能化為鬼魂，永遠在陰間遊蕩。

尊敬的神明，請收下我們的祭品！

口水都流到祭品上了，讓我怎麼吃？不想變成孤魂野鬼就趕緊給我重新換一盤！

轟

啊啊！

啊……

知道了！我們馬上去！

🌙 所以，能主持祭祀神明儀式的國王，就被當成神明在人間的「代理」，其他人要乖乖聽他的話才行。

剛才神明給我傳了話，只要大家乖乖聽我的話，就沒有人會受到懲罰！

是是是！我們一定聽國王的話！

🌙 蘇美的每座城市都是圍繞一座巨大的神廟建造的。不過,神奇的是,蘇美的每座城市、每座神廟,都擁有不同的神明,大大小小的神明有100多個。

蘇美神廟的復原圖

🌙 雖然他們的信仰不同、國王不同,但蘇美人還是達成了一個共識。

只設立唯一的「王權」!

🌙 哪個城邦最強大，「王權」就轉移到哪裡。

這就像武俠小說中不同門派推舉一個共同的武林盟主一樣。

🌙 接下來就是重點了，考古學家在兩河流域發現了 16 塊內容幾乎完全相同的石碑，上面詳細記錄了蘇美王權的更迭。

這就是著名的蘇美王表。

🌙 但讓人費解的是，王表上寫著「王權自天而降，在埃里都（城市名）」，然後往下一看，前8位君王竟然一共統治了超過24萬年，在位最短的也有18600年⋯⋯

🌙 再往下看，王表上寫著「大洪水來臨，王權再次從天而降，轉移到基什（城市名）」。

🌙 而洪水中的倖存者，都是得到了神明庇護的，他們會成為新人類的祖先。

🌙 大洪水過後，蘇美王權的平均持續時間下降到「只有」幾百年。

在這些統治了上百年的君王中,有好幾位都是可考證的。在一些出土的文物上,正式地刻著他們的名字,記錄著他們的生平,其中最著名的一位叫做吉爾伽美什。

吉爾伽美什

根據王表的紀錄,吉爾伽美什在位126年!

🌙 而根據出土的文物、人類第一部史詩《吉爾伽美什》，他三分之二是神，三分之一是人，還徒手殺過怪獸！總之，頗具神話色彩。

🍌 更讓考古學家費解的是，雖然蘇美文明確實存在，但蘇美人究竟從何而來，至今還是一個謎——蘇美人不屬於附近人種的任何一支，可能並非兩河流域的原住民。

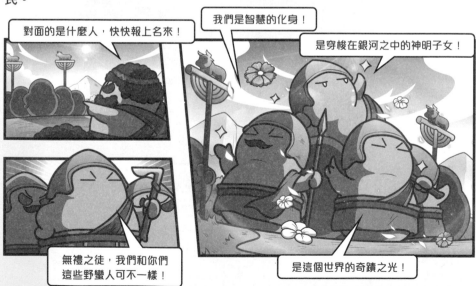

🌙 在語言學中，蘇美語也是一個孤立語言，不屬於任何語族。

🌙 西元前2334年，阿卡德人透過戰爭打敗了蘇美人，征服了美索不達米亞的所有城邦，建立了人類歷史上第一個帝國。

🌙 阿卡德帝國的統治並不穩固。在之後的兩百年裡，這裡一直戰火紛飛，又出現了很多新的王朝。

🌙 蘇美人也想過趁機復興，但以失敗告終。沒過多久，蘇美文明就此衰落。

不過，人類的第一個文明，當然不會輕易消失在歷史的長河中，蘇美人的楔形文字，還有這片他們生活過的土地，會在接下來的1000多年裡，為我們留下更多精彩的故事……

2

古埃及

埋藏於黃沙中的祕密

人類對神祕未知的事物總是充滿好奇心，無論什麼東西，只要帶上「未解之謎」四個字，人氣一般就不會低。

古埃及文明就是一個典型例子，金字塔、木乃伊、獅身人面像、法老的黃金面具和詛咒……古埃及就像一個神祕的集合體，充滿了各種不可思議的謎團。

🌙 埃及位於亞非大陸的交界處，大部分都處於非洲，自然環境極其惡劣，全國約96％的國土都是沙漠。

🌙 幸虧有一條尼羅河，從南向北貫穿了整個埃及，才給這裡帶來了一絲生機。

🌙 幾千年前，古埃及人的祖先來到尼羅河沿岸定居。他們在河邊蓋房子、種農田、養牲畜……日子過得很滋潤。

🌙 那時候的人比較迷信，他們覺得自己能過上好日子全是拜神所賜。

🌙 當時，古埃及還沒有統一，各個地方的部族、小王國都信仰各自的神，各種形象的神有 1000 多個。

🌙 每個地方的人都覺得自己信仰的神才正統，於是，他們整天打來打去，占地盤、搶資源的同時，也算給自家的神爭一口氣。

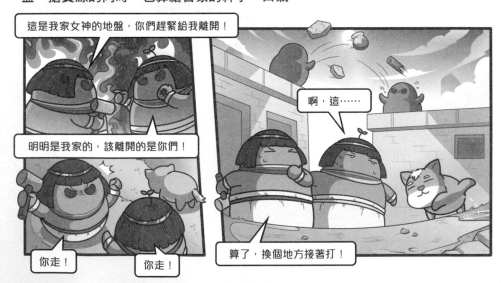

🌙 後來，整個古埃及打成了兩大片：尼羅河上游的地區叫上埃及，主要信仰禿鷲女神；尼羅河下游的地區叫下埃及，主要信仰眼鏡蛇女神。

🌙 直到西元前3100年左右，一個名叫美尼斯的人橫空出世，他打敗所有敵人，統一了上下埃及，成為古埃及的第一任國王，也就是我們現在所說的「法老」。

🌙 古埃及統一之後，各地混亂的神明信仰也被法老整合成統一的模式：一個主神最大，所有人都必須崇拜；剩下的小神不做強制要求，按照各地風俗，人們愛信什麼就信什麼。

🌙 第一個官方唯一指定的主神是鷹神荷魯斯。

🌙 後來，隨著時代變遷、法老更替，古埃及的主神也更換過好幾次：有基於荷魯斯改編的，也有原創的，還有由幾個神融合而成的。

☾ 但是，無論主神改成什麼，荷魯斯一直都是法老的守護神，也是法老至高王權的象徵。

這也是與古埃及相關的影視作品和遊戲裡老鷹形象的出鏡率特別高的原因。

☾ 統一神明信仰的模式之後，新的問題出現了：法老作為一國之主，卻被一群神「騎」在頭上，心裡總覺得有些不舒服。

🌙 於是，法老就宣稱自己也是神，要求人們也崇拜他。

🌙 但是，很顯然法老並不是神，他們和普通人一樣，也會生老病死。

🌙 關於死亡，古埃及人相信，人死之後是可以復活的，但這需要兩個條件。首先是靈魂純潔，能順利進入冥界——這件事歸死神阿努比斯管。

🌙 很多讀者應該都知道這個「狗頭」神，但其實人家不是狗，只是長著胡狼的頭。死神的主要工作是，拿瑪亞特女神的羽毛給死者的心臟秤重。

🌙 如果心臟比羽毛重，就說明這個人罪孽深重，阿努比斯會直接把他的心臟和靈魂丟給一隻怪獸吃掉。不過，也有說法是將這個人打入地獄。

🌙 如果心臟比羽毛輕，就說明這個人是好人，他的靈魂就可以進入冥界等待復活。

復活的第二個條件是靈魂必須能回到原來的身體。這就要求死者的屍身不能腐爛。

於是，古埃及人就將死者的內臟掏空，填入防腐的香料，再纏上麻布，塗上樹脂，製作成木乃伊。

🌙 自稱為神的法老在死後也會和普通人一樣，被製作成一具木乃伊。那麼如何才能讓自己死得高人一等，體面光彩呢？

🌙 一位叫左塞爾的法老突發奇想：可以搞一個與眾不同的氣派的墳墓啊！於是，他給自己修了一座巨型墳墓——世界上第一座金字塔。

左塞爾金字塔參考圖

🌙 這下可壞了風氣，後面的法老們為了證明自己比前任法老優秀，紛紛修建更大的金字塔，惡性循環。到古夫法老這一代，史上最大的金字塔出現了。

🌙 古夫金字塔由約230萬塊巨石建成，總重約684萬噸，原高約146.5公尺。在法國艾菲爾鐵塔建成之前，古夫金字塔一直是地球上最高的建築。

古夫金字塔

修建這樣規模巨大的建築，必然要耗費大量的人力、物力，所以，有這樣一種非常流行的說法：以古埃及的科技水準和生產力，不可能造得出金字塔，金字塔肯定是外星人造的！

🌙 但其實真相是，幾十萬個苦工和奴隸，花費幾十年時間，借助畜力和滾木把巨石一層層送往高處，再將巨石一點一點疊起來，金字塔才得以建成。

🌙 古埃及人用自己的血汗甚至生命，築成了這些世界奇觀。

古夫金字塔東南側不遠處，就是著名的獅身人面像。

它的身上充滿了謎團：是誰建了它？它是什麼時候建的？為什麼要建造它？這個形象到底代表什麼？……至今都沒有定論。

在古埃及的未解之謎中，人氣很高的還有法老的詛咒和黃金面具。

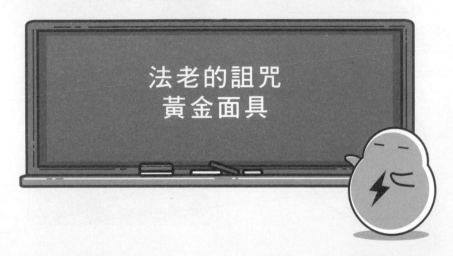

法老的詛咒
黃金面具

🌙 1922年，一隊英國考古學家發現了有史以來保存最完好的法老陵墓——圖坦卡門墓，並由此發現了許多稀世珍寶。

🌙 其中，最令人讚歎的當數圖坦卡門法老的黃金面具：由大約10公斤黃金打造，上方鑲著一隻禿鷲和一條眼鏡蛇，分別代表上下埃及的兩位女神。

我們熟悉的法老形象，
就以此為原型。

🌙 但是，提到法老，很多人的第一反應都是「毒蛇面具」，而對禿鷲卻沒有印象。

莫非是因為我們窺探了法老的祕密，然後被神祕力量改變了記憶？

🌙 「法老的詛咒」是，傳說圖坦卡門法老的墓室裡，刻著幾句令人膽寒的詛咒，
比如「誰擾亂了法老的安眠，死神就會張開翅膀降臨到他頭上」。

三天之內殺了你！

把你殺了！

後來，考古隊中的幾個人，以及他們的親朋好友，真的因為突發惡疾或遭遇意外，接二連三地死去，人們就認為這是法老的詛咒應驗了。

但考古學家後來證實，這間墓室中根本就沒刻什麼詛咒——其他個別法老的墓穴中倒是有。而且前面也說過，古埃及的死神是個胡狼頭，沒有翅膀。

🌙 對此，一種比較科學的解釋是，最早死去的幾個隊員，很可能在墓穴中染上了古代的細菌或病毒。至於後面那些人，應該是純屬巧合……

🌙 多樣且不尋常的神明信仰，奇特的死亡觀和喪葬風俗，還有各種離奇的怪談、傳說，讓古埃及文明顯得非常與眾不同，充滿了神祕色彩。

但當古埃及文明和西方文明產生交集時，它就顯得沒那麼特別了，還是國與國之間打打殺殺的那些事情。

幾千年來，古埃及一直在與周邊的國家打仗，不是征服別人就是被別人征服。

🌙 西元前332年，當時的馬其頓國王亞歷山大給這場大混戰畫上了句號，他帶兵徹底打敗了埃及。

🌙 後來，一直打到了印度，建立了一個版圖超大的帝國。但亞歷山大大帝死後，他的手下就開始瓜分地盤。

①網路用語，指看起來笨笨的人。——編者注。以下若無特殊說明，均為編者注。

🌙 一位叫托勒密的將軍得到了埃及，建立了托勒密王朝。

🌙 為了鞏固統治，托勒密和他的子孫也自稱法老，像以前一樣修神廟、宣傳埃及傳統神話，以此增加老百姓對他們的好感度。

鄉親們，這是神廟的最後一根柱子了，還有什麼需要修繕的地方，儘管說！

哇，哥哥好帥，好強壯！

🌙 最初，托勒密家族的統治還算順風順水，但隨著家族勢力越來越強大，每個王朝都繞不開的「宮鬥」戲碼也在這裡上演了。

🌙 隨著皇室亂成一鍋粥，埃及的國力也開始迅速衰退。

🌙 更糟糕的是，在地中海的另一邊還有一個叫羅馬的「好戰狂」剛剛崛起，整天在那裡磨刀霍霍，一副隨時要殺過來的樣子。

🌙 這時候，托勒密家族出現了一個膽略過人的妹子——克麗奧佩脫拉七世，也就是大家俗稱的「埃及豔后」。

🌙 為了在羅馬的「魔爪」下保住埃及，也為了給自己在「宮鬥」中增加強有力的籌碼，「埃及豔后」不惜出賣肉體去討好羅馬的兩位重量級人物。

🌙 但她看人的眼光不太好，自己的兩任男朋友先後都死了，而羅馬也迎來了新老大。

🌙 這位新老大對美色沒什麼興趣，就直接帶兵對埃及動手了。

🌙 「埃及豔后」被逼自殺，托勒密王朝就此滅亡。

後來，羅馬帝國分崩離析，西元7世紀，阿拉伯人占領了埃及，埃及也從此開始「阿拉伯化」。

延續數千年的古埃及文明最終被阿拉伯文明取代。如今的埃及阿拉伯共和國，已經完全是一個阿拉伯國家了。

但是，現在我們談起埃及，還是會先想到法老、木乃伊、金字塔……想到那個充滿神祕色彩的文明古國。

或許在熾熱的黃沙之下，還有很多未知的古文物正在靜靜等待甦醒的那一天。

古巴比倫

夢裡的空中花園

🌙「古巴比倫王頒布了《漢摩拉比法典》，刻在黑色的玄武岩。距今已經三千七百多年……」可能很多人都聽過周杰倫的這首經典之作《愛在西元前》。

🌙 提到古巴比倫，很多人都知道它與中國、古埃及、古印度並稱「四大文明古國」。

四大文明古國

🍌 中國、埃及、印度大家都很熟，但要問巴比倫在哪兒……

🍌 被這個問題難倒的小伙伴，雷雷只能說，你當年聽歌時沒有認真看歌詞。

古巴比倫

🌙 美索不達米亞、楔形文字，再結合前文講過的蘇美文明，答案就很好猜了——古巴比倫文明，正是蘇美文明的「續集」。

🌙 當年，阿卡德人打敗蘇美人，把大大小小的蘇美城邦全部統一，建立了人類歷史上第一個帝國。

但不到200年，阿卡德帝國就在內憂外患中轟然倒塌，兩河流域又進入了大混戰的時代。

這時候一小支來自西方的遊牧民族——亞摩利人的隊伍，在酋長的帶領下跑到幼發拉底河河畔的巴比倫城，建了一個屬於自己的小國家——巴比倫王國。

🌙 當時，可以用一句話簡單概括兩河流域的局勢：大哥們激情互戰，小弟們只配圍觀。

🌙 剛剛建國的巴比倫，就是只配看戲喊加油的「小弟」之一，比它強盛的大王國、大城邦非常之多。

不過弱也有弱的好處，大國都忙著互相廝殺、爭奪霸主之位，壓根沒空搭理它，於是，巴比倫就得到了默默發展的寶貴機會。

歷經約一百年、五任國王的休養生息，巴比倫的實力總算漸漸強大起來。更關鍵的是，巴比倫還迎來了一位非常勇猛的國王。

此時，巴比倫的四周依然強敵環繞，其中威脅最大的，當數美索不達米亞平原的兩大霸主：統一了整個北方的亞述王國，以及在東方呼風喚雨的埃蘭王國。

看清局勢後，漢摩拉比做出了一個正確的選擇：不去無腦硬碰硬，而是做好防守，等待時機。

堅持到決賽圈的才是贏家！

於是，他開始舉全國之力修城牆、建壁壘，擺起了鐵桶陣。

果然，幾年後，機會真的來了：亞述國王突然去世，國內有人趁機造反。

🌙 一番內鬥之後，亞述分裂成了正統國和造反國兩部分，直接退出爭霸第一梯隊。

🌙 埃蘭王國也趁此良機全軍出擊，掃平了幾個小國。

🌙 漢摩拉比認為，這樣下去不行，要是再放任埃蘭繼續壯大，埃蘭遲早會坐上霸主寶座，到時候大家都難逃一死。

🌙 於是，他果斷決定不再繼續忍耐，便拉攏了幾個小國，以及亞述的造反國，組成了一個聯盟，共同對付埃蘭。

🌙 面對多國夾擊，實力強大的埃蘭抵擋不住，被趕回了東邊老家。

🌙 在這場大戰中，巴比倫算是同盟發起者，打仗出力也最多，分戰利品和地盤時，自然撈到了最多的好處，國力大大增強。

此時，漢摩拉比巨大的野心才徹底暴露了出來。他先以「打仗時未盡力」為由，帶兵打敗了一個實力最強的前盟友。

隨後，他又揮師北上，把亞述造反國推翻了。於是，亞述正統國立馬投降，俯首稱臣。

①網路用語，指在團體活動中不認真出力的人。

🌙 剩下的小國這才反應過來，巴比倫這是準備「卸磨殺驢」，把前盟友全幹掉，自己當霸主。

🌙 但一切已經太遲了，他們的反抗猶如以卵擊石，巴比倫輕輕鬆鬆就把他們打敗了。

①網路用語，指沒什麼實力的人。

就這樣，巴比倫從當初的卑微小國，一躍變成了統治兩河流域絕大部分地區的強大帝國。

其國都巴比倫城是當時的商業和文化中心，人口眾多。

呀！突然有點緊張是怎麼回事……

如此龐大的人口該怎麼管呢？

漢摩拉比的答案是，用法律來約束他們。他頒布了世界上現存的第一部比較完備的成文法典──鼎鼎大名的《漢摩拉比法典》。

這部法典主要提倡「以牙還牙，以恩報恩」的思想。

意思就是，誰打你一拳，你就回打他一拳；誰打斷你的骨頭，你就打斷他的骨頭。反過來，誰對你有恩，就算傾家蕩產你也得報答他。

要打就打，你把我綁起來幹嘛？

你幫了我，我又沒什麼能給你的，只好以身相許了！

我得好好量一下，確保在相同位置給你一拳！

不過，以上思想僅適用於同等級的人之間——《漢摩拉比法典》把全國的人分成了三個等級：貴族、窮人、奴隸。

如果貴族欺負奴隸，對貴族可以法外開恩；但是，如果奴隸得罪貴族，基本會被直接處死。

以今天的眼光來看，《漢摩拉比法典》並不完全公平，處理問題的方式也很簡單粗暴，但這並不影響它在歷史上的地位，畢竟，後來很多帝王在制定法律時，都曾以它為範本。

大王，新法想好了嗎？

不急，再讓我研究一下《漢摩拉比法典》是怎麼說的！

回到正題，古巴比倫帝國一統江山的光輝歲月並沒有持續太久，原因很簡單，帝國的核心人物就是漢摩拉比，他一死，表面上臣服的小國和遠方虎視眈眈的敵人就又出來搗亂了。

什麼？你們國王死了？

行，我這就出發！

您是要去祭奠他嗎？

不，我要出兵巴比倫！先拿你這個使者祭旗！

🌙 偏偏漢摩拉比的繼任者們全是沒什麼本事的庸人，於是，巴比倫開始被各種強敵入侵，沒過太久就亡國了。

🌙 後來，強敵輪番占領了巴比倫，幾百年後，巴比倫迎來了一位新主人——曾經向它俯首稱臣的亞述。不過，亞述早已重新崛起，變成了新亞述帝國。

🌙 仇人見面，分外眼紅。亞述對巴比倫實行了非常殘暴的統治，到處搜刮財寶、奴役平民……

🌙 所以，巴比倫時不時就會爆發起義，終於有一次，巴比倫人的起義徹底惹怒了當時的亞述國王。

🌙 亞述國王直接喪心病狂地火燒巴比倫城，還把巴比倫宮殿、神廟的殘骸統統運到海裡丟掉……

🌙 幾十年後，在西元前 626 年，亞述讓一支名叫迦勒底的部族去巴比倫城駐軍。

🌙 誰知這個部族是個「二五仔」①，不僅沒幫亞述看守巴比倫，還自立為王。

🌙 為了區別「正版」巴比倫人建立的王國，迦勒底人就在給王國取名時多加了一個字，叫新巴比倫王國。

①粵語俚語，意思是背叛者。

🌙 為了壯大自己的勢力，新巴比倫王國的國王還透過政治聯姻讓自己的兒子尼布甲尼撒二世娶了米底王國的一位公主。

🌙 隨後，新巴比倫王國聯合米底王國和其他幾個盟友，摧毀了亞述，還把亞述的很大一部分地盤搶了過來。

🌙 巴比倫文明開始全面復興，舉世聞名的巴比倫空中花園，就是在這段時間建成的。

傳說它是尼布甲尼撒二世即位後，專門為米底王國的公主建造的。

🌙 這位公主遠嫁而來之後，因為思念自己的家鄉，經常愁眉緊鎖。於是，國王就按照她故鄉的風格造了一座空中花園。

花園建好了，美人還是愁容滿面？

因為經過我幾天的仔細觀察……

還是有幾十處不是我家鄉的風格！

據說《愛在西元前》一歌寫的就是這個愛情故事。

🐚 據記載，這座空中花園建造於4層平臺之上，每一層都種滿了花花草草，還可以做到自動澆水灌溉，不需要人打理。

真不錯，看來以後不需要你了！

不過，空中花園的遺址一直沒有被明確地找到，不少學者都懷疑它存在的真實性。

🐚 除了建造空中花園，傳說這位國王還主持修建了一座「通天塔」，塔高和塔基周長都約為100公尺，是當時新巴比倫王國最高的建築，老百姓在任何地方都能看到它。

除了大興土木，尼布甲尼撒二世還發動了不少戰爭，比如，他派兵推翻了以色列人建立的猶太王國。

還把一部分猶太人抓回巴比倫城，囚禁了近50年。

然而，新巴比倫王國的強盛也沒有維持太久，當年與其聯合攻打亞述的盟友米底王國，在內戰後成長為強大的波斯。這位新「朋友」可不講過去的情誼，直接大軍壓境把新巴比倫王國給滅了。

其中還有一段有趣的故事：波斯軍隊打過來時，新巴比倫王國的國王本來還想抵抗。

🌙 結果,手下的祭司們卻當起了「二五仔」,直接打開王宮大門投降,放波斯軍隊進來了⋯⋯

🌙 隨後,巴比倫就在波斯的統治下,穩定地發展了兩百年,並在天文學、數學、藝術等方面取得了令人矚目的成就。

後來，波斯又被希臘打敗，巴比倫人也慘遭流放。

曾經富麗堂皇的巴比倫城已經被徹底廢棄。

🌙 632年，阿拉伯人在兩河流域建立了阿拉伯帝國，巴比倫文明從此被阿拉伯文明同化。

🌙 1958年，曾經屬於古巴比倫王國的土地，有了一個新名字。

後面的故事大家應該比較熟悉了，接二連三的戰爭把這片土地糟蹋得千瘡百孔，甚至連短暫的和平也是一種奢望。

這種日子什麼時候是個頭啊？!

曾經無比輝煌的古巴比倫文明，就這樣變成了一個遙不可及的美夢……

4

腓尼基

海盜的祖師爺

🌙 海盜，一個讓人又愛又恨的詞。大家痛恨真實的海盜燒殺擄掠、無惡不作，卻又喜歡影視作品中海盜的瀟灑自由、倜儻不羈，像《加勒比海盜》、《航海王》等，在全世界都有很高的人氣。

🌙 不過，大家有沒有想過，世界上最早的海盜來自哪裡？他們為什麼不務正業，非要幹這種打家劫舍的勾當？

①動漫《航海王》中主角魯夫使用的技能。

🐚 西元前15世紀左右，腓尼基人來到了地中海東岸定居。他們這塊地盤，正好在亞非歐三大洲的交會處。

🐚 這種交通咽喉位置，往往都是兵家必爭之地，很容易成為大國交鋒的戰場。

更令人困擾的是，周圍一大圈，這裡海拔最高，山區最多，森林最密，換句話說就是能種地的平原很少。所以，一旦收成不好，人們連吃飯都成問題。

既然這裡的環境條件這麼差，腓尼基人為什麼不搬家另謀出路呢？他們可能也想另謀出路，但是環顧四周，根本就無處可去。

🌙 東邊、北邊是兩河流域的大國；南邊是強大的古埃及王國。完全不可能去搶他們的地盤。

喂！你們兩個在我家門口幹嘛呢！

不僅踏入埃及國土，還敢偷埃及眾神的祭品，你們一個都別想跑！

🌙 唯一沒有強國的方向，就只剩下西邊了——那邊是茫茫地中海，總不能下海發展吧……

哪裡都容不下我們，不如跳海算了！

?

我只是說說而已，你不要當真啊！

嗖！

撲通！

於是，腓尼基人就開始伐木造船、修建港口。他們造船的主要材料，是當地的黎巴嫩雪松，這種樹非常結實，用它造出的船能抵抗大風大浪。

🌙 他們還把提取出來的松脂塗抹在甲板上，船因此便不容易漏水了。他們又用厚重的鐵板牢牢加固了船的龍骨，一種能遠洋航行的堅固大船就造成了。

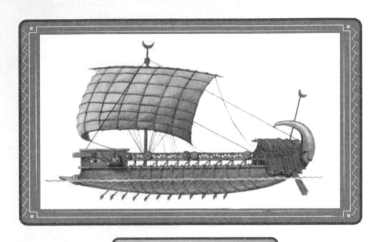

腓尼基船隻示意圖

🌙 接下來就是揚帆，起航！腓尼基人沿著地中海做起了生意。

🌙 剛開始，他們主要賣自家的特產：雪松木、紡織品、手工藝品，還有一種利潤極高的紫紅色染料。

🌙 腓尼基人偶然發現海裡有一種海螺，它的汁液是紫紅色的，便從中提取出了紫紅色染料。在沒有化學合成染料的時代，所有染料都靠天然提取。

🍌 事實上，「腓尼基」這個詞就是當時一種古語中「紫紅色」的意思。

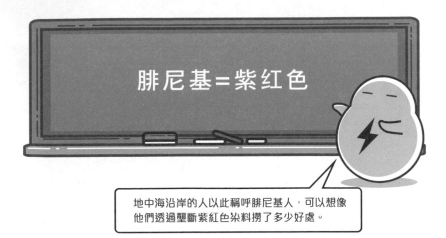

腓尼基＝紫红色

地中海沿岸的人以此稱呼腓尼基人，可以想像
他們透過壟斷紫紅色染料撈了多少好處。

🍌 後來，腓尼基人的航海範圍越來越廣，生意也越做越大，他們開始低價收購其
他地方的特產：貴金屬、象牙、布料、糧食……

瞧一瞧，看一看啊！上好的香料！

這可都是上等貨呀！

再將其運到別的地方高價賣掉，說白了就是，當中間商，賺差價。

🌙 以這樣的方式賺錢，關鍵就在於能低價進貨，如果雙方價格談得攏，自然一切好說。

🌙 但如果有誰不願意低價賣貨，腓尼基人就會使出讓對方無法拒絕的手段——動手搶。

🌙 在此，就要介紹一下腓尼基人的社會結構了，他們並沒有建立一個統一的國家。

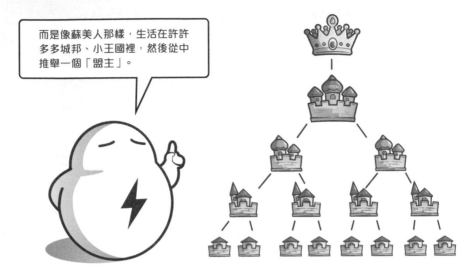

🌙 他們的對外政策更有意思：誰強大就跟誰混，在政治上，當大國的附庸。

🌙 他們先後臣服過古埃及、亞述王國、新巴比倫王國等，他們的很多文化也都是跟這些國家學來的。

🌙 比如，腓尼基人就信仰古埃及的一眾神明，他們還學會了製作木乃伊，甚至連喪葬風俗都是學習模仿的。

🌙 腓尼基惹不起強大的國家，但對比自己弱的國家就隨便欺負了，一言不合就動手搶。遇到反抗比較激烈的，還會借大國的名義嚇唬一下。

🌙 對於腓尼基人的海盜行為，大國基本都是睜一隻眼閉一隻眼，畢竟他們搶來好東西也會賣給自己或者直接上貢。壞名聲是他們的，好處是自己的，怎麼算都不虧。

🌙 於是，腓尼基人就這樣一邊做生意，一邊搶遍了大半個地中海地區，他們搜刮財寶，抓捕奴隸，開拓殖民地……

這個世界真是太美好了！

腓尼基人所有

🌙 其中，最著名的一塊殖民地，叫迦太基。

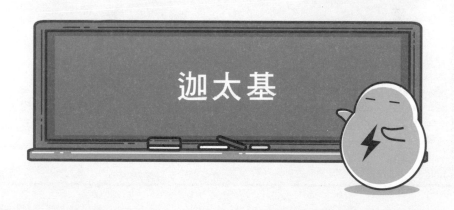

迦太基

🌙 傳說在西元前814年，一個叫狄多的腓尼基城邦王國公主，在自己的哥哥登上
王位後被各種排擠。

🌙 為了避免遭到哥哥迫害，她就帶著財寶和僕人出逃，漂洋過海到了北非的突尼
斯灣。

🌙 然後她把所有財寶都交給了當地一個原始部落的酋長，用來換取一塊「牛皮大」的棲身之地，酋長一聽就果斷同意了。

🌙 作為一個腓尼基人，狄多當然不會做賠本生意，她早就打好小算盤了：她把牛皮切成了一根根細長條，然後圈出了一大塊地，在海邊建立了一座城市——迦太基，意思是「新城」。

之後，迦太基逐漸發展壯大，一躍成為腓尼基人最大的殖民地。於是，迦太基開始在地中海地區瘋狂擴張，還天天欺負「倒楣蛋」——古希臘。

古希臘人在一次次被欺負的過程中，也學到了一種對發展來說至關重要的東西——文字。

🌙 腓尼基人最開始用的，是古埃及的聖書體和兩河流域的楔形文字，但這兩種都屬於象形文字，寫起來很複雜，記帳之類的很不方便。

小皮特，看攤辛苦了，帳記得怎麼樣了？

啊，記帳？

我都記好了！老闆，不信您看！

嗯……這文字怎麼感覺像睡著了亂畫的一樣，我一個字都沒看懂……

象形文字就是這樣的，比較難懂！

🌙 於是，他們就改良出一套簡單實用的腓尼基字母。

腓尼基字母

接觸腓尼基字母後，希臘人又按照自己的習慣，把其改良成了希臘字母，希臘字母最終演變成了拉丁字母。

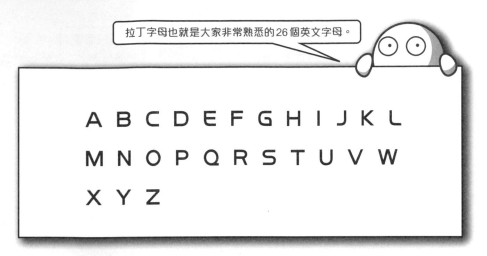

有了自己的文字之後，古希臘的文明發展突飛猛進，實力也強大了許多。於是，他們也開始像腓尼基人一樣下海經商，順便再一起當海盜。

🌙 腓尼基人和希臘人就成了地中海的「海盜雙雄」，他們的航海基地和殖民地沿著地中海地區「遍地開花」，海上貿易基本都被他們壟斷了。

🌙 不過，相比統一的王國，腓尼基這種鬆散城邦的凝聚力比較差。等古希臘完全崛起之後，腓尼基人在海上的統治力量就開始持續減弱，地盤和生意都被希臘人搶了不少。

🌙 西元前539年，腓尼基人的老家也失火了——自己的大哥新巴比倫王國被更強大的波斯帝國推翻了，原來的腓尼基城邦也都慘遭吞併。

🌙 迦太基這個地方因為比較偏遠而暫時躲過一劫，腓尼基人也算保住了翻盤的「火種」。

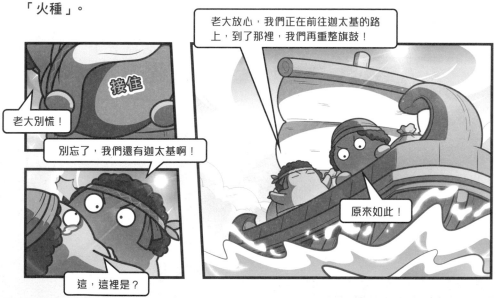

🌙 但是很不幸，沒過多久，迦太基又被另一個強國羅馬盯上了。

作為知名的「好戰狂」，羅馬的目標是稱霸整個地中海，見到誰都用拳頭打招呼，迦太基先後與羅馬大戰三次，最終還是敗下陣來。

🌙 西元前146年，迦太基城被羅馬徹底摧毀，只剩下了一片廢墟。

🌙 順便一提，古希臘也在同一年被羅馬征服，曾經的地中海雙雄就這樣手拉手走向了末路。

🌙 自此之後，在諸多勢力的輪番統治下，腓尼基文明漸漸失去了自己的特色。

🌙 其實，就算沒有強敵入侵，腓尼基人也一直在背井離鄉，與外族通婚，與其他文化融合，被同化只是時間的問題。而腓尼基人最初的家鄉，現在被稱作黎巴嫩共和國。

作為亞非歐三塊大陸的交通樞紐，
這裡從古至今一直戰火紛飛，
幾乎沒怎麼享受過
和平與寧靜。

在黎巴嫩共和國，已經幾乎找不到腓尼基人曾經留下的足跡，只有國旗上的那棵雪松還在默默講述著當年那些驚心動魄的航海故事……

5

希伯來

上帝的第一批信徒

🌙 提起以色列這個國家，大家可能會有這樣一種感覺：這個國家不是跟這個打仗就是跟那個打仗，說它是火藥桶好像都不為過。

🌙 很久以前，以色列真的與大半個世界都有「仇」。這還得從一個叫希伯來的民族講起。

🌙 大約西元前 1900 年，兩河流域的一支遊牧民族向南渡過幼發拉底河，來到了地中海東岸一大片叫做迦南的地方。迦南大概相當於現在的以色列加巴基斯坦，以及周邊的一些地區。

🌙 但是，很不巧，他們來晚了，原住民迦南人早就在這裡安了家。

🌙 迦南人把他們視為入侵者，並稱他們為「希伯來人」，意思是「渡河而來的人」。

你們幾個，從哪裡來的就回哪裡去！

🌙 希伯來人與迦南人打了幾架，但沒打贏，還倒楣地遇上了一場饑荒。

🍌 為了謀生，他們只好繼續往南走，來到了古埃及王國的地盤，隨後，他們向法老俯首稱臣，換來了一片容身之所。

🍌 寄人籬下的日子並不好過。而且希伯來人越來越多，法老就開始擔心：這群外來者的勢力越來越大，會不會突然造反？

🌙 於是，法老直接下令，把希伯來人全部貶為奴隸，無比殘暴地壓迫他們。

正愁修金字塔人手不夠呢！

🌙 直到有一天，希伯來人裡出了一位英雄領袖——摩西。在摩西的帶領下，希伯來人成功逃離了埃及。

🌙 在希伯來人自己講述的故事版本中，這可不是一次簡單的出逃，摩西是上帝耶和華派來拯救他們的先知。

🌙 他會帶希伯來人去上帝答應給大家的一片「應許之地」，那裡遍地是牛奶和蜂蜜，簡直就是人間天堂。

沒錯，希伯來人就是最早提出並信仰上帝的一群人，他們為此專門寫了一本對世界影響極大的書——《聖經》。

只要足夠虔誠與堅定，上帝將指引我們前進！

在希伯來人的神話中，他們的祖先雅各曾經和天使摔跤並取得勝利，於是上帝就給他賜名「以色列」，意思是「與神角力的人」。

哇！真是個強壯的男人！

啊 啊 啊 啊！

作為雅各的子孫，希伯來人也開始自稱以色列人。

🍌 說回歷史，在以色列人看來，去上帝劃給自己的地盤安家是天經地義的。

🍌 但在迦南人眼裡，以色列人純屬沒事找碴，因為所謂的「應許之地」不是別處，正是迦南。

於是，以色列人和迦南人又一次大打出手，經過漫長的廝殺，以色列人贏了。

西元前 11 世紀，他們在迦南建立了一個以色列猶太王國。

①勝利。

🌙 建國之後，以色列人開始大修神殿供奉自己的上帝。第三任國王所羅門在位期間，更是花 10 年時間，造出了一座富麗堂皇的所羅門聖殿。

不幸的是，所羅門這個第三代君主，就是以色列猶太王國的最後一任國王了。

🌙 據說，所羅門在晚年背棄了對上帝的信仰，所以，在他死後，王國立刻爆發內亂，分裂成了南北兩部分。

🌙 地盤大的北國叫以色列王國，地盤小的南國叫猶太王國。猶太王國被後來的以色列人視為正統，因為他們之前的國都耶路撒冷在南國。

🌙 但南北兩國都沒得到天命的眷顧。西元前722年，兩河流域的亞述帝國為了擴張，直接把以色列王國滅了。

🌙 西元前586年，推翻亞述帝國的新巴比倫王國又把猶太王國給掃平了。

🌙 當時的新巴比倫國王尼布甲尼撒二世，下令拆毀了猶太王國的所有城牆、聖殿、王宮……甚至連民宅都不留。

🌙 有一種說法是：以色列人只信仰上帝，對兩河流域的多神信仰嗤之以鼻，所以才慘遭報復。

🌙 此外，包括猶太王國國王在內的大批以色列人，還被統統抓回了巴比倫城囚禁起來，這一關就是將近50年，史稱「巴比倫之囚」。

在這段悲慘的歲月裡，以色列人無法反抗，只能天天向上帝祈禱，希望能夠早日脫離苦海。他們的信仰越來越虔誠、堅定，最終形成了一個正式的宗教——猶太教。

從此，以色列人也被稱為猶太人。

西元前539年，新巴比倫王國被波斯滅掉了。波斯國王大手一揮，給了他們自由，於是，猶太人終於可以回去重建家園了。

你！你是誰？

這……

不……不要殺我！

你自由了，回去重建家園吧！

🌙 猶太人回到故鄉，在所羅門聖殿的遺址上，翻修了一座第二聖殿，過上了一段平靜的生活。

上帝啊上帝，如果能給和平加上期限，我希望是一萬年！

🌙 但是好景不長，大約200年後，波斯帝國又被希臘推翻了。

要不要了解一下其他的神？

🌙 征服猶太人之後，希臘人直接把聖殿裡供奉的上帝改成了希臘神話裡的諸神。

🌙 猶太人當然不願意，於是，他們瘋狂起義，卻一次次被鎮壓。

🌙 又過了200年左右，猶太人終於不用與希臘人拼殺了，因為希臘被更強的羅馬幹掉了。

🌙 但是，猶太人還是經常起義，因為羅馬總是橫徵暴斂，猶太人的日子依然很苦。

🌙 後來，有一位暴脾氣的羅馬國王被反反覆覆的起義惹惱了，便直接派兵踏平了耶路撒冷，並對猶太人展開了大屠殺。

🌙 在屠城的同時，羅馬還放火燒毀了第二聖殿，最終，聖殿只留下了一段護牆的殘骸——如今舉世聞名的哭牆。

🦪 每當猶太人看到它時，就會想起喪家之痛和流亡之苦，忍不住流下眼淚。

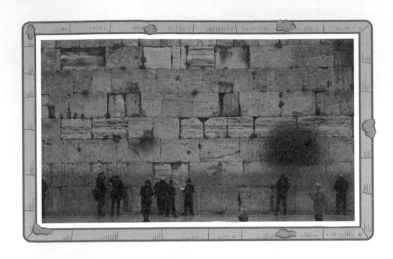

🦪 凱旋的羅馬人還不忘在猶太人的傷口上再撒一把鹽，他們專門建了一座提圖斯凱旋門，來紀念這場戰爭的勝利。

據說，猶太人見到這座門都會繞著走，絕對不會從門下經過。

🌙 痛失家園之後，大量的猶太人擁入歐洲，然後，他們驚喜地發現，歐洲人居然也信仰上帝！

🌙 但這份驚喜很快就變成了驚嚇，因為他們發現，歐洲人信仰的不是自己的猶太教，而是基督教。

🐚 歐洲人把《舊約》（猶太人的《聖經》）加上《新約》組成了基督教的《聖經》，還新加了一個神——耶穌進去。

🐚 作為忠實的「原著黨」①，猶太人表示不能忍，自己絕對不承認和信仰耶穌。

①網路用語，指原著的忠實粉絲，即使原著被改編成了其他形式的作品，他們也更熱愛、追捧原著。

因此，猶太人在遍地都是基督教信徒的歐洲，就成了異教徒或魔鬼的代名詞，常常受到迫害。

當時，歐洲一有天災人禍，猶太人就會淪為「背鍋俠」，被抓去燒死祭天。

此外，猶太人還被命令不能住在市區，不能種地，不能參軍……所以，大多數猶太人都選擇去四處做生意。一代代地做生意之後，猶太人倒成了大家公認的很有經商頭腦的民族。

你們關上了所有的門，上帝給我打開了經商的窗！

艱難存活了一兩千年後，猶太人遭遇了有史以來最嚴重的滅頂之災：「二戰」期間，希特勒和他的納粹德國對猶太人進行了慘無人道的大屠殺，近600萬猶太人死於非命。

🌙 不僅和歐洲有恩怨，猶太人還和阿拉伯世界有矛盾：在「一戰」時，曾經的「應許之地」——迦南已經變成了巴勒斯坦，阿拉伯人早已在這裡生活了上千年。

🌙 當時的巴勒斯坦，正被英國的敵人鄂圖曼帝國統治。英國向猶太人口頭承諾，贊成在巴勒斯坦建立一個猶太人的家園——你們快幫忙啊！

🌙 但同時，英國又向當地的阿拉伯人承諾，幹掉鄂圖曼帝國之後，阿拉伯人可以在巴勒斯坦獨立建國——你們快造反啊！

🌙 「一戰」結束後，猶太人就興高采烈地去巴勒斯坦「建國」了，結果剛一到，就看到了阿拉伯人建立的巴勒斯坦國，兩邊都傻眼了——你跑我家來幹嘛？雙方就這樣結下了梁子。

🌙 等到「二戰」結束後，被納粹屠殺過的猶太人更迫切地想要建國。

🌙 這次，美國又站了出來：美國想在中東扶持自己的勢力，就在聯合國發起投票，要求把巴勒斯坦分成兩塊，分別給猶太人和阿拉伯人。

🌙 1948 年 5 月 14 日，在聯合國的批准下，猶太人成立了以色列國。

🌙 阿拉伯人怒火沖天，整個阿拉伯世界開始群毆以色列，前前後後發動了 5 場戰爭。

🌙 但是，擁有美軍裝備的以色列，戰鬥力非常強，不僅抵抗住了5場「車輪戰」，地盤還越打越大，比當年聯合國批准的大多了……

以色列就這樣變成了孤懸於阿拉伯世界的「中東之釘」。

🌙 除了以上這些，以色列還有一個成為歐洲和阿拉伯世界公敵的理由：歐洲人普遍信仰基督教，阿拉伯人則普遍信仰伊斯蘭教。

但他們共同的「聖城」——耶路撒冷，如今掌握在以色列手中。

🌙 耶路撒冷這座城市非常特殊。

對猶太教來說，曾經的聖殿和現在的哭牆在這裡。

🌙 對基督教來說，耶穌受難、復活也在這裡。

🌙 對伊斯蘭教來說，先知穆罕默德的升天之地還是在這裡。

🌙 總而言之，多災多難的希伯來文明，總算重新找到了歸宿，但那種歷盡磨難之後，卻發現自己舉目無親的悲涼，恐怕也只能說給哭牆聽了⋯⋯

6

古希臘

西方文化的搖籃

最近幾年，有一些外國人很喜歡把自己理解不了的中國文化，比如武術、針灸等稱為「東方的神祕力量」。

在他們眼裡，歷史悠久的中國就是東方文化的最典型代表。

🌙 對應地，如果要給西方文化找一個代表，那麼有著「西方文明搖籃」之稱的古希臘絕對當仁不讓。追根溯源，整個西方文明的風俗、神話、藝術、科技，都會指向一個地方。

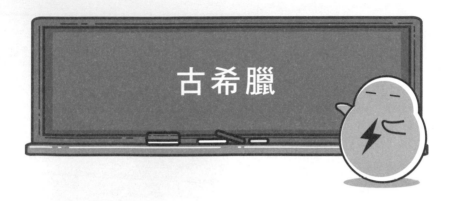

古希臘

🌙 希臘位於歐洲的東南角、地中海的北邊，由一個比較大的半島和若干個島共同組成。

這個小島也是我家的地盤！

這些島散布在蔚藍的愛琴海沿岸。很早以前，希臘人的祖先就在這裡生活。那時，古希臘文明還處於萌芽階段，亮眼的地方不多。

直到西元前1600年，一群印歐人來到希臘南部的邁錫尼城定居，引發了一次文化大融合，古希臘由此進入一段約400年的黃金發展期，史稱「邁錫尼文明」。

由於希臘島嶼既多又散，希臘人索性就順其自然，各自占島為王發展，建立了許多城邦國家。不同城邦之間，可能文化風俗完全不同。

羊羊那麼可愛，你怎麼可以吃羊羊？!

不過，在信仰上，希臘各城邦還是比較統一的：許多神、半神和他們的僕從，居住在北邊的奧林帕斯山上。

其中，地位最高的神就是大家熟悉的「奧林帕斯十二主神」：神王宙斯、天后赫拉、智慧女神雅典娜、海神波賽頓……

邁錫尼時期的歷史，在古希臘人的筆下也充滿了傳奇色彩，其中，最有代表性的一部著作叫做《荷馬史詩》。

著名的故事「特洛伊木馬屠城」就出自這部作品。

荷馬史詩

🌙 傳說，當時的邁錫尼王帶領的希臘聯軍向特洛伊發起了一場戰爭，但是，圍困了對方10年都沒把城攻打下來……

🌙 最終，希臘人心生一計：假裝放棄，開走了海邊的所有戰船，只留下了一隻巨大的木馬。

🌙 特洛伊人以為自己打贏了，就把木馬當作戰利品拉回了城裡。

🌙 等特洛伊人晚上慶祝喝得爛醉時，早就藏在木馬裡的希臘士兵偷偷跳出來，從裡面打開了城門。埋伏好的希臘軍隊如潮水般湧了進來，給這場戰爭畫上了句號。

🌙 雖然希臘人勝利了，但連續10年的持久戰也讓他們元氣大傷，邁錫尼文明從此開始走向衰落，希臘不得不重新回歸低調發展的模式。

🌙 後來，地中海地區出現了一群以腓尼基人為首的強敵。在日復一日的抗壓生活裡，希臘學到了許多先進的文化和科技，大大小小的城邦又開始全面崛起。

🌙 當時，希臘眾城邦裡，有兩個強者——「文狀元」雅典和「武狀元」斯巴達。兩者都覺得自己走的路才是正確的，全希臘的城邦都得跟自己學習才有前途。

🌙 雅典人在那個普遍由國王、貴族說了算的年代，非常超前地發明了民主制，所有國家大事都透過公民大會投票決定，每個公民都有投票的權利，不過婦女、外國人和奴隸都沒有。

贊同這件事的請舉手！

🌙 此外，雅典人還對哲學、文學、音樂、數學、天文學等進行了深入的研究和探討。

🌙 對文化的重視，讓雅典在很多領域都取得了巨大成就，還出現了不少世界名人，比如，「希臘三賢」——蘇格拉底、柏拉圖、亞里斯多德。

斯巴達人則與雅典人截然相反，他們極端崇尚武力，講道理不用嘴用拳頭：城邦缺錢缺奴隸怎麼辦？搶！別人不讓搶怎麼辦？打！對方心懷怨恨怎麼辦？打到他服為止！

這錢是我用來娶媳婦的，不能給你們！

既然如此⋯⋯

那我讓你嘗嘗什麼叫無敵連環鐵拳！

捶你捶你捶你！

啊！捶得人家好舒服！

所以，在斯巴達，所有男孩到了7歲就必須開始訓練，他們要忍受鞭打而不能出聲，以此培養忍耐力和服從性。

你們已經是7歲的大男人了，應該學會獨自戰勝巨熊！

🌙 到了12歲，他們又要一年四季赤膊光腳，忍受艱苦的環境和惡劣的天氣。20歲他們正式成為軍人。

🌙 斯巴達男人的軍旅生涯，要一直持續到60歲，在那個戰爭頻繁而且醫療水準不高的時代，他們想「退伍」幾乎只有一種方式——死在戰場上。

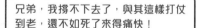

兄弟，我撐不下去了，與其這樣打仗到老，還不如死了來得痛快！

你給我堅持住，回去後我把妹妹介紹給你！

一言為定！

🌙 你或許會以為，斯巴達的男人都入伍了，女人可能每天就在家裡做做家務，縫縫衣服等。

🌙 但是，斯巴達的女人並不做針線活，她們的日常生活是進行體能訓練，因為斯巴達人認為，只有強壯的母親，才能生出強壯的孩子。

斯巴達的嬰兒剛出生時，就會做「體檢」，合格的就用葡萄酒給他洗個澡，然後交還給母親撫養。

不合格的就直接在酒裡溺死，然後扔到荒郊野嶺……

在這一文一武兩位「大哥」的帶領下，整個希臘的發展就像火箭升空一般。沒過多久，希臘就成了地中海一霸，各大城邦不斷搶占地盤，建立了很多殖民地。

別說地中海，以後地球，乃至銀河系都是我們的！

在對外擴張的同時，希臘人也沒忘記舉辦內部活動，交流一下感情。西元前776年，各城邦在奧林匹亞舉辦了第一屆奧林匹克運動會，後來，奧林匹克運動會一直傳承至今。

🌙 不過，希臘的舒服日子也沒持續太久，因為在地中海東側，一個龐大的波斯帝國突然崛起了。俗話說，一山不容二虎。雙方話不投機，直接開打。

🌙 波斯先用離間計，破壞了幾個希臘城邦之間的關係。

🌙 迅速征服這些城邦之後，波斯又要求其他城邦獻出本地的水和土，以示對自己的臣服。

🌙 這一招殺雞儆猴，嚇得希臘眾城邦紛紛妥協，只有兩塊硬骨頭表示沒得商量，還把波斯使者扔進了水井和土坑裡。

🌙 沒錯，這兩塊硬骨頭就是雅典和斯巴達。

🌙 於是，西元前492年，波斯大軍橫渡愛琴海，直指雅典，但是很倒楣，他們遇上了風暴和巨浪，直接翻船了……

🌙 休整了兩年之後，波斯人捲土重來，雅典見大事不妙，趕緊去請「武力擔當」斯巴達幫忙。

🌙 誰知斯巴達在關鍵時刻搞砸了，他們正在過當地的宗教節日，沒過完不能打仗。

🌙 於是，雅典只能硬著頭皮，舉全城之力湊了軍隊，在波斯人的登陸地——馬拉松平原，與對方展開了大決戰。

🌙 沒想到，孤軍作戰的雅典，居然憑藉堅定的意志和出色的戰術打贏了波斯。

🌙 贏下馬拉松戰役之後，一名希臘士兵為了傳達喜訊，一口氣連跑40多公里回到了雅典城，剛說完捷報就累得倒地而亡。為了紀念他，一項名叫「馬拉松」的長跑運動就此誕生。

🌙 波斯人則氣極了：全世界都在笑話我們，號稱強無敵的波斯帝國，就這麼一點本事嗎？

🌙 所以，西元前480年，新上任的波斯國王又親率30萬大軍和1000艘戰艦去報仇了。

🌙 面對來勢洶洶的波斯大軍，這次全希臘都團結起來了，最驍勇善戰的斯巴達人也挺身而出。

希臘城邦齊心對敵！同生共死！

🌙 在一個叫溫泉關的地方，斯巴達國王列奧尼達發現戰局不利，就讓希臘聯軍全軍撤退。

是埋伏，大家聽我的指揮往回撤！

🌙而他自己則率領300名斯巴達勇士拼死殿後，最終全部壯烈犧牲。

🌙斯巴達300勇士的犧牲，為希臘聯軍的轉移爭取了寶貴的時間。後來，波斯軍隊殺到雅典時，發現這裡已經是一座空城，只能焚城破壞。

🌙 西元前449年，經歷了希臘人長達30年的不斷反攻之後，波斯終於被消耗得筋疲力盡，只得灰頭土臉地撤出了愛琴海。

所以，三次希波戰爭，均以希臘勝利告終。

🌙 然而，希臘並沒有就此迎來和平，因為在希波戰爭中，希臘眾城邦建立了以雅典為首的提洛同盟。但戰爭結束後，野心勃勃的雅典想一統希臘。

我當老大沒人有意見吧？

當然了，老大非你莫屬！

你就是眾望所歸！

就是就是！

🌙 斯巴達第一個表示不服，也組建了一個伯羅奔尼撒聯盟，專門跟雅典對著幹。
隨後，雙方大打出手。

🌙 兩者之間開始了長達幾十年的伯羅奔尼撒戰爭，最終，斯巴達全殲雅典海軍，
雅典無奈投降，斯巴達成了希臘霸主。

歷史總是驚人地相似，獲勝的斯巴達也在這場內戰中元氣大傷，沒過多久就被趕下了台，希臘城邦之間又進入了大混戰時代。

但這場混戰很快就結束了，因為希臘最北邊出現了一個強大的城邦國家——馬其頓。

🌙 前文提到過，希臘的北邊是奧林帕斯山，但馬其頓在奧林帕斯山的北側，與希臘的主體部分隔著一座大山。所以，在傳統的希臘人眼裡，馬其頓根本不算希臘的一部分，馬其頓人都是「蠻族」。

🌙 被叫做「蠻族」的，往往戰鬥力都很驚人。面對馬其頓的崛起，希臘城邦再次抱團取暖，但這次，希臘聯軍直接被馬其頓打敗了。

🌙 隨著馬其頓成功吞併希臘主體，希臘終於變成了統一的王國。沒過多久，馬其頓王去世，他的兒子——鼎鼎大名的亞歷山大繼承了王位。

🌙 亞歷山大大帝率大軍東征，先從波斯手裡奪取了埃及和迦南，然後直搗黃龍，把波斯徹底滅掉了。

之後他又繼續東進，一直打到了印度，建立了一個橫跨亞非歐三大洲的超級帝國。

但亞歷山大大帝死後，就沒人守得住他的家業了，馬其頓帝國瞬間變成了一盤散沙。

🌙 一番內鬥之後，只剩下三個倖存者——托勒密王朝、塞琉古王朝、安提柯王朝。

後來，這三兄弟也迎來了命運的結局，正在征戰四方的古羅馬帝國把它們全部推翻，古希臘文明就此落幕。

🌙 不過，古希臘百花齊放的文化、精彩紛呈的故事，並沒有消失在歷史的長河中，而是影響了一代又一代西方人，滋養了西方文明，給我們展現了一個和東方完全不同的世界。

7

波斯

神祕多樣的異域風情

🌙 在前面的古希臘文明篇裡，波斯作為希臘的對立方連續「出鏡」了好幾次，但很尷尬的是，波斯在三場大戰中三戰三敗，完美淪為陪襯……

🌙 但你可千萬不要因此小瞧波斯，波斯帝國是歷史上第一個橫跨亞非歐三大洲的超級帝國，而且過了巔峰期後，並沒有像其他大帝國那樣立馬垮掉，還一直強大了很多年。

在兩河流域爭霸的晚期，東邊伊朗高原上出現了一個叫米底的「選手」，和剛剛崛起的新巴比倫聯手，合力趕走了當時的兩河一霸亞述。

這場大戰過後，米底的國力迅速增強，又吞併了幾個小國，從此雄踞伊朗。在這幫附屬小國裡，就有一個叫波斯的國家。

🌙 其實，米底人和波斯人有著同一個祖先，可以算是兩兄弟，只不過，現在米底過得很好，波斯就比較落魄了。

🌙 波斯的崛起要從一個夢說起……有一天米底國王突然從惡夢中驚醒，他夢見自己女兒的孩子，也就是自己的外孫，竟然大逆不道地奪取了自己的王位，還成了西亞的霸主。

老頭，你年紀大了，把王位讓出來，趕緊找個地方養老吧！

呼！呼！我怎麼會做這樣的夢？

當時，他女兒還沒結婚，更別說外孫了……

但是，這位國王特別迷信，於是，他就把女兒嫁到了「窮鄉僻壤」波斯，就算未來的外孫真要篡位，頂多也只能當個波斯王。

本以為這樣就可以高枕無憂了，結果在女兒懷孕期間，國王又做了一個夢。這次他夢到女兒肚子裡長出了遮天蔽日的葡萄藤，把整個米底國都蓋住了。

妖魔鬼怪快走開！妖魔鬼怪快走開！

這次國王怕了，準備等外孫一出生就直接殺死他……但畢竟是自己的血脈，國王不忍心親自下手，就把這件事交給了一個大臣去做。

我也是不得已，你就體諒體諒我這個外公的心吧，嗚嗚嗚！

啊……這……

誰知大臣也不願意親手殺人，就把這個任務交給了一對牧羊人夫婦。

大人，我只宰過羊，怎麼敢殺人呢？

閉上眼睛一樣的！

很巧的是，這對夫婦剛生了一個男嬰，男嬰死了，於是，他們就把兩個嬰兒調包，拿死嬰騙過了大臣。

怎麼感覺和我送過來的不太一樣呢？皮膚這麼黑？

這，這是動手的時候給憋的……

🌙 而這位婦人的名字，正好和「母狼」同音，後來，人們口口相傳，出現誤差，竟然傳成了「這個嬰兒喝母狼的奶長大」。

🌙 這段傳奇故事，出自古希臘「歷史之父」希羅多德的巨著《歷史》，這個命運曲折的男嬰，後來有了一個如雷貫耳的稱呼——居魯士大帝。

🌙 正如他外公的夢一樣，居魯士確實天賦異稟，在小時候就展現出了極強的領導才能，每次玩家家酒，他都扮演國王的角色。

🌙 不過，居魯士10歲時，在遊戲中打了一個「抗命」的貴族之子，事情鬧大了，他沒死的事也因此暴露。

🌙 國王發現大臣違背了自己的命令，一怒之下先把大臣的孩子殺了，然後又準備殺了居魯士。

讓你兒子下去陪我外孫，免得他寂寞了！

我的兒啊！

🌙 這時宮裡的祭司勸國王，這孩子在遊戲裡已經當過國王，不會再當第二次了。國王想了想，覺得挺有道理，這事就到此為止了。

在遊戲裡當過就算了，你看他那傻樣，不可能騎到您的頭上來！

有道理，那就讓他走吧！

那個王位金光閃閃的，好漂亮……

🌙 但國王沒料到，居魯士恢復身分回到波斯後，對波斯的歸屬感越來越強。畢竟他一直在波斯長大，米底國王又總想殺自己……

🌙 居魯士越來越覺得，波斯和米底同出一源，可波斯卻被米底騎在頭上，這是不應該的。

🌙 王族的身分加上心向波斯的立場，讓居魯士輕輕鬆鬆獲得了全波斯的擁戴。隨後一件意料之外但情理之中的事情發生了：他帶兵起義，去攻打了自己的外公。

還記得那個因為沒殺掉居魯士而被國王殺了自己孩子的大臣嗎？他因為喪子之痛，一直對國王懷恨在心。於是，他做了內應，和居魯士裡應外合推翻了國王。米底從此變成了波斯王國。

🌙 當上波斯國王之後，居魯士開始了自己開掛①般的人生，在短短幾年時間裡，征服了很多國家。

🌙 其中有一個叫利底亞的大國，軍事實力很強，尤其騎兵非常勇猛，波斯攻打了幾次都沒占到什麼便宜。

①網路用語，指非常厲害。

🌙 後來，居魯士想出了一條妙計──用駱駝代替馬衝鋒陷陣。

🌙 沒想到，這招有奇效，利底亞的馬遇到駱駝之後，紛紛害怕逃竄，騎兵也瞬間潰不成軍，被波斯一舉拿下。

對此有一種解釋是，馬不喜歡駱駝的氣味，而且高大的駱駝衝過來，在馬看來可能很有壓迫感，畢竟「瘦死的駱駝比馬大」。

西元前 539 年，居魯士把目標鎖定在西亞最後一個強敵——新巴比倫身上。本來以為二虎相爭，應該會出現一場精彩的世紀大戰。

結果，因為波斯帝國這些年戰無不勝，新巴比倫的祭司們早就被嚇破了膽，直接打開王宮大門把國王出賣了……

祭司們叛變還有一個重要原因：居魯士不像亞述那些暴君一樣到處屠城，相反，他是個仁君。

🌙 當年，推翻自己外公的統治後，居魯士不僅沒有加害於他，還一直錦衣玉食地伺候他，讓他安度晚年。

🌙 居魯士還非常尊重各國的宗教、風俗、文化，每征服一個國家之後就去祭拜當地的神，還讓當地的貴族幫忙治理。他深信，只有以德服人，才能真正駕馭一個民族眾多、文化多元的大帝國。

🌙 征服新巴比倫之後，居魯士釋放了被囚禁在此的猶太人，允許他們重返故鄉，還祝福他們「願上帝與你們同在」，猶太人非常感動。

你們自由了，回到上帝賜予你們的家鄉去吧！

哈哈哈！

您……您是上帝派來拯救我們的英雄！

🌙 但是，西元前529年，居魯士大帝死在了遠征古埃及的路上。

好熱……我快不行了……嗝……

大帝！！

他的死因撲朔迷離，病死、戰死的說法都有。

🌙 好在他龐大的家業後繼有人，幾年後，他兒子替他掃平了埃及，還把法老活捉了，自己當上了「埃及皇帝」。

🌙 但他兒子也挺倒楣，好不容易打敗埃及，準備班師，結果也莫名其妙地死在了半道上。看來埃及到波斯這條路對居魯士一家來說是不祥之路……

🌙 波斯王室看到國王客死他鄉，立刻開始奪權，有人甚至直接篡位稱王了。

🌙 此時，波斯帝國的第二位強者趕來救場了——大流士。

🌙 大流士本來只是居魯士一家的遠房親戚，在皇室裡都排不上名號，但他跟居魯士的兒子一起去攻打了埃及，在軍中威望比較高。

🐚 國王一死，軍權就落到了大流士手裡。於是，他以平叛的名義，直接帶兵殺進王宮，處死篡位者，自立為王。

🌙 經過內亂之事，他發現，居魯士的管理模式太鬆散，宗教信仰可以自由，但關鍵問題還是全國統一比較好。

🌙 於是，大流士在國內進行了一系列改革，他把波斯劃分成了 20 個省區，還統一了全國的度量衡和貨幣。如果你對中國歷史比較了解，你就會發現，他的這些舉措與秦始皇的措施十分類似。

🌙 在對外事務上，大流士繼續幫波斯開疆拓土。他訓練了一支叫「不死軍」的特種部隊，這支軍隊只收波斯最驍勇善戰的勇士。

🌙 而且永遠維持在10000步兵、1000騎兵、1000標槍手的水準上，每有一個人戰死，立馬由一個新人補上。

🌙 敵人並不清楚其中的祕密，他們只看到對方強大的戰鬥力，而且不管怎麼打，人數都絲毫不減，彷彿這些人都是不死的魔神，他們在氣勢上就已經輸了。

🌙 在陸地上所向披靡的同時，大流士還開始西進地中海。他一邊開拓海上貿易路線，一邊積極訓練海軍，打造戰艦，準備把地中海地區變成自己的領土。

🌙 但他沒想到，當時橫跨亞非歐的波斯帝國，已經到了巔峰。因為在地中海，波斯遇到了自己的一生之敵……

兄弟們！把那條海裡的「魚」給我捉到沙灘上！

被古希臘瘋狂打擊的故事，雷雷就不重複講了。

🌙 我們直接看馬其頓王國。馬其頓王國一分為三，其中有一塊由塞琉古王朝占領，大致就是原來波斯的地盤，後來，塞琉古王朝又被羅馬人滅了。

我是塞琉古，我……

去死吧你！

不要這樣吧，我才出場了一秒鐘……

🌙 但由於起義、外敵入侵等多種原因，羅馬始終無法在此處站穩腳跟。

🌙 反倒是西元 226 年，一個名叫薩珊王朝的帝國統一了波斯全境，史稱波斯第二帝國。

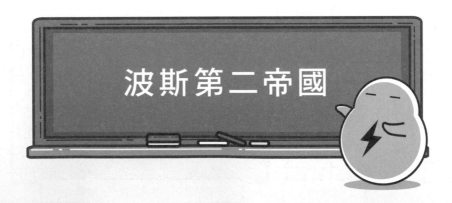

波斯第二帝國

🌙 雖然名氣沒有前一個王朝大，但薩珊王朝對世界的影響卻很深遠。它與西邊的羅馬打了無數場仗，卻和東邊的一眾國家交朋友，也就是說，它是東西方文化交流碰撞的中心。

🌙 與薩珊王朝關係最緊密的東方國家，就是中國了，雙方共同維護了絲綢之路的貿易路線很多年，光是北魏時期，薩珊王朝就派使者來訪了10多次，並送來了很多珍奇禮品。

🌙 薩珊王朝還有一個統一的國教——祆教，因為信徒會對著火祈禱，又被稱作拜火教。

這是一種非常古老的波斯宗教，在伊斯蘭教出現之前，它是中東和西亞的第一大教。

🌙 後來，波斯人摩尼又在拜火教的基礎上創造出了摩尼教，又稱明教。據說，小說《倚天屠龍記》中的明教就是此教派，波斯聖女、聖火令、寶樹王的設定可能也是由此而來。

請問，現在加入，能學乾坤大挪移嗎？

不……不能……

🌙 薩珊王朝在晚期受到了東羅馬帝國和阿拉伯帝國的輪番攻擊，最後一代國王的兒子逃到了大唐，向唐高宗請求出兵抵擋阿拉伯人的入侵，但一切為時已晚……

🌙 阿拉伯人的統治，是波斯歷史上的一個重要轉捩點，從此，阿拉伯語和伊斯蘭教，成了這片土地上的主要語言和信仰。

🌙 之後，阿拉伯帝國被強大的蒙古帝國征服，再後來，蒙古帝國轟然倒塌，土庫曼人占領了波斯，並在這裡建立了一個薩法維王朝，又名波斯第三帝國。

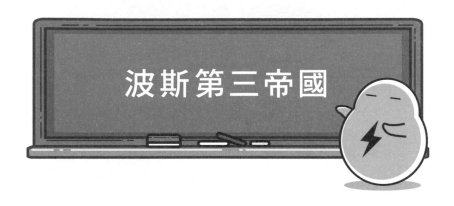

🌙 這段時間，波斯迎來了短暫復興，一度成為伊斯蘭世界的文化中心。

🌙 但好景不長，一些更強大的帝國盯上了這塊「肥肉」，把波斯瓜分成了好幾塊。尤其當歷史發展到近現代，石油成為一種戰略資源後，入侵者貪婪的魔爪又無數次伸向了油田豐富的波斯。

🌙 1979 年，波斯帝國的歷史徹底終結，取而代之的是伊朗伊斯蘭共和國。

8

古羅馬

偉大的征服者

西方有一句著名諺語，即便在中國也人人皆知。

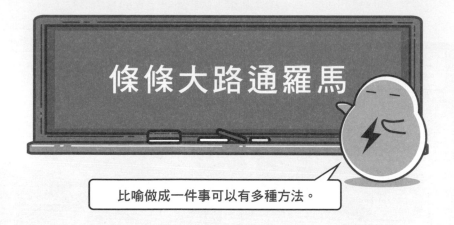

條條大路通羅馬

比喻做成一件事可以有多種方法。

但這句話最初就是字面上的意思：羅馬帝國無比龐大，道路四通八達，無論朝哪個方向走都能到達。

終於到了，地球果然是圓的！

這大爺是怎麼了？

他年輕的時候朝著離開羅馬的方向走，現在終於走了回來！

接下來，就讓雷雷帶你看看曾經強極一時的古羅馬文明吧。

🍌 古羅馬的起源也要從一段傳奇故事說起：2700多年前，義大利半島一個國王的弟弟篡奪了哥哥的王位，為了斬草除根，他把哥哥全家的男孩都殺了。

🍌 但人算不如天算，哥哥的女兒懷孕了，不久後生下了一對雙胞胎。

🌙 兩個嬰兒被人帶出王宮後拋棄，幸虧一隻母性大發的母狼發現了他們，用狼奶餵飽了兩個嗷嗷待哺的嬰兒。

🌙 後來，一位牧羊人路過，就把兩個孩子抱回去撫養，還給他們分別取名為羅穆盧斯、瑞摩斯[1]。

①也稱雷莫斯。

🌙 兄弟倆長大成人後，帶兵殺回王宮，報了當年的血仇。

外孫、母狼、牧羊人……是不是很像波斯建國的故事？

🌙 但羅馬故事的結局完全不同：兄弟二人報仇成功後，離開故鄉，建立了一座新城，兩人因為爭搶新城的命名權反目成仇……

🌙 最終，哥哥羅穆盧斯殺死了弟弟瑞摩斯，用自己的名字給這座城市取名為羅馬。

🌙 羅馬作為一個小王國發展了200多年，到第7任國王統治時，出現了一個重大轉折：這任國王是一個暴君，羅馬人發動起義把他趕下了台。

🌙 羅馬人一琢磨，換一個國王上去，沒準又是一個獨裁者，乾脆不要國王，想辦法自己當家做主吧。

🌙 於是，羅馬人制定了一部《十二銅表法》，它是古羅馬第一部成文法典，為羅馬法的發展奠定了基礎。羅馬法強調人人平等，公正至上，對後世的法律產生了極其深遠的影響。

在法制的基礎上，羅馬還實行了執政官、元老院、部族會議三權分立的政治制度，類似於現在美國的總統、參議院、眾議院。羅馬共和國正式登上歷史舞臺。

在軍事上，羅馬也開始大刀闊斧地改革，規定所有男人到了一定年齡都必須參軍，退伍之後回歸正常生活。待國家需要打仗的時候，再統一把大家徵召回來，類似於現在一些國家的兵役制度。

等這場仗結束了，我就回來娶你！

🌙 拳頭變硬了，羅馬開始四處搶地盤擴張，很快就把整個義大利半島都踩在了腳下。

🌙 一路勢如破竹讓羅馬人有點得意忘形，覺得稱霸地中海也只是小菜一碟，但地中海給羅馬帶來了一個超級勁敵。

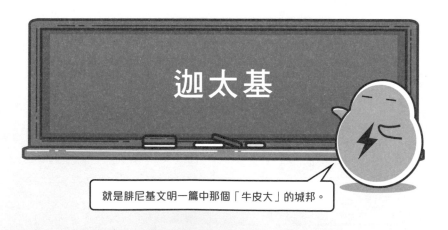

迦太基

就是腓尼基文明一篇中那個「牛皮大」的城邦。

🌙 雙方打了三次布匿戰爭，海陸多線交鋒，前後打了100多年……

🌙 第一次戰爭，羅馬以史上最大傷亡的代價打贏了。但20多年後，迦太基東山再起，一位勇猛的將領——漢尼拔，帶領大軍歷經艱難險阻，翻越阿爾卑斯山，來到了羅馬境內，把羅馬人打得節節敗退。

🌙 在本土屢戰屢敗後，羅馬人想出了一招「圍魏救趙」的妙計。他們一邊拖住漢尼拔，一邊圍住對方老巢迦太基城一頓猛攻。

漢尼拔只好急匆匆地趕回去救援，最終被羅馬大軍打敗，迦太基所有的海外殖民地和艦隊都被羅馬接管，羅馬因此實力大增。

後來，羅馬總覺得迦太基不死，自己永遠睡不踏實，於是，又發動第三次戰爭，攻破迦太基城，然後一把火將其燒了。從此，羅馬成了地中海的新霸主。

🌙 事實上，第二次布匿戰爭開始沒幾年後，羅馬一邊與迦太基作戰，一邊還打了四場馬其頓戰爭，征服了繼承原先希臘地盤的安提柯王朝，這也標誌著古希臘文明的滅亡。

🌙 在漫長的戰爭期間，民風彪悍的羅馬興起了一種叫角鬥士運動的新遊戲：兩個奴隸在觀眾的圍觀下廝殺，只有贏的一方才能活命。

🌙 後來，羅馬人還嫌不夠刺激，又發明了人獸對決，讓奴隸和獅子、老虎等猛獸搏鬥。

🌙 據說，這種方式來源於羅馬的喪葬儀式：貴族家裡死了人，就找兩個奴隸決鬥，輸的一方給死者陪葬，來參加葬禮的人也能看看「表演」。

🌙 畢竟羅馬法規定奴隸只是「財產」，奴隸主可以不把他們當人對待，虐待、殺死都是被允許的。但是，哪裡有壓迫哪裡就有反抗，在共和國末期，羅馬爆發了史上最大規模的奴隸起義。

斯巴達克斯起義

🌙 70餘名角鬥士出逃後揭竿而起，眾多奴隸紛紛響應，起義軍的規模達到了12萬人。

兄弟們，跟我衝！！

🌙 這場起義歷時兩年，最終被羅馬血腥鎮壓了。鎮壓起義的兩位主要領袖叫克拉蘇、龐培，他們是著名的「前三頭同盟」之二，第三個人的大名你一定聽過——凱撒。

🌙 凱撒是當時羅馬的執政官，克拉蘇是全國最大的奴隸販子也是全國首富，龐培是軍權在握的大將軍。他們官商軍三方勾結，把羅馬玩弄於股掌之間。

別跑了！

此路不通！

放心！只要你乖乖配合，我們是不會為難你的。

求求你們，放過我吧！

但執政官是有任期的，一旦凱撒卸任，再大的權力也會化為烏有。於是，他在擔任高盧（後來的法國）總督時，先後發動了8次征服戰爭，把羅馬的命運和自己牢牢綁在了一起。

凱撒帶兵打仗非常勇猛，他用8年時間就完全征服了高盧，後來還襲擊了日耳曼、不列顛——分別對應後來的德國、英國等。

凱撒在外東征西討時，他的同盟卻發生了巨變：克拉蘇死了，而留守羅馬的龐培開始嫉妒凱撒的功績和名望，勾結元老院召他回國，準備奪他的權。

我倒要看看凱撒怎麼逃出這天羅地網！

結果凱撒真的回來了，不過，他帶著大軍……龐培完全沒料到，趕緊逃到當時的埃及。

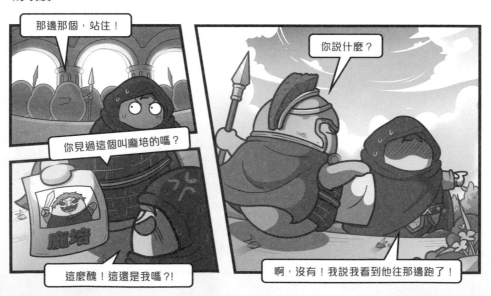

那邊那個，站住！

你見過這個叫龐培的嗎？

這麼醜！這還是我嗎?!

你說什麼？

啊，沒有！我說我看到他往那邊跑了！

🌙 埃及國王也被嚇壞了：這不是給我惹禍嗎？於是他殺了龐培，還把人頭獻給了凱撒。

🌙 但埃及國王沒想到，凱撒對他私自殺死龐培非常生氣，而且看上了他的姐姐——「埃及豔后」。

之後，凱撒把國王殺了，扶持「埃及豔后」成功掌權，兩人還生下了一個孩子。

離開埃及後，凱撒又打敗了一個國家，春風得意的他給羅馬元老院寫了一封信，信裡只有一句話：我來，我見，我征服。

回到羅馬之後，凱撒成為「羅馬終身獨裁官」。

這個明目張膽地挑戰國家共和制的舉動，引起了很多人的不滿。沒過多久，一場意外震驚了整個羅馬——凱撒被狂熱的反對派刺殺了。

🍌 此時，有資格繼承凱撒事業的有兩個人，一個是凱撒的副官安東尼，另一個是凱撒的養子屋大維。一開始他們達成共識，分別治理羅馬的一部分。

🍌 但隨著時間推移，他們的矛盾越來越尖銳。後來，安東尼到了埃及，與「埃及豔后」產生了一段情緣，還宣布當年凱撒和豔后生的那個孩子才是凱撒的正統繼承人。屋大維作為養子，不能成為繼承人。

🌙 由於安東尼和「埃及豔后」的關係，很多羅馬人都覺得安東尼心向埃及，是一個賣國賊，所以紛紛支持屋大維。

🌙 很快，屋大維率軍攻入埃及，安東尼和「埃及豔后」先後自殺，羅馬內戰就此終結。

📖 獨掌大權後，屋大維在羅馬實行了40多年的獨裁統治，還獲得了「奧古斯都」的尊號，意思是神聖、至尊，羅馬共和國從此變成了羅馬帝國。

📖 帝國初期，已經橫跨亞非歐三大洲的羅馬還在繼續壯大，但到西元192年，一位叫康茂德的暴君遇刺身亡，羅馬的情況開始急轉直下。隨後的西元193年，居然出現了五個人爭搶皇位輪流稱帝的局面。

🌙 在接下來的半個多世紀裡，羅馬足足出了幾十任皇帝，平均每個人的在位時間不到兩年，羅馬的各方面都變得一團糟。

我曾經是羅馬的皇帝，如今淪落到街頭要飯……

咦！你不是第9任皇帝嗎？

我可是皇帝，就給我吃這個？！

前面的好心人，給點飯吃吧！

你好，第10任皇帝，想吃飯得排隊，前面一堆皇帝都沒飯吃……

🌙 這時一位叫戴克里先的人上臺了，他認為羅馬的病根在於國家太大，一個人管不過來。於是，他把心一橫，將羅馬劃分成了東西兩部分。

一分為二才是解決問題的辦法！

🌙 然後，他又讓東西羅馬各自設立一對主副皇帝共同治理，也就是同時讓四個皇帝統治羅馬，如果一個去世了，還有三個，這樣就解決了頻繁換皇帝的問題。

但是，這樣也有漏洞：四個皇帝中，只要有一人心懷不軌，「四帝共治」就是一句空談。

🌙 果然沒多久，一位野心勃勃的西羅馬副皇帝 —— 君士坦丁，就幹掉了另外三人，重新開始了獨裁統治。

我才是羅馬唯一的大帝，其他人都退下吧！

君士坦丁大帝做了兩件對羅馬影響巨大的事。首先，他是第一位信仰基督教的羅馬皇帝，他規定基督教在羅馬合法，信徒可以自由傳教。此後，基督教逐漸壯大，成了羅馬的國教和整個歐洲的主流。

其次，他把國家的首都從羅馬城遷到了拜占庭，又名君士坦丁堡，具體位置在如今土耳其的伊斯坦堡。

🌙 這件事使得東西羅馬之間的裂痕越來越深，最終在西元 395 年，羅馬正式分裂成了東西兩個帝國。

說好的共富貴，他卻只顧自己！

🌙 由於遷都造成的國家重心轉移，西羅馬的實力斷崖式下跌，被以日耳曼民族為首的敵人反復踐踏，僅僅存在了 81 年就亡國了。

臭小子，快把財寶都交出來！

大哥，你不記得我了嗎？

吃我一招！

這小子好像在哪裡見過……

東羅馬則走上了一條「離經叛道」的發展之路：當年分家時，希臘被分到了東羅馬這邊，好幾位東羅馬皇帝都很崇尚古希臘文化。

你說我們的皇帝怎麼整天對著一群石頭跪拜呢？

難道這裡出問題了？

我倒是看出你們的問題了！

於是，東羅馬開始了全面希臘化，大力發展哲學、文學、音樂……後來，希臘語甚至被定為東羅馬的官方語言。

不把書裡的內容學完，今天不能吃飯！

但是，在軍事實力方面，東羅馬就不太行了，總體處於防守狀態。

🌙 一開始：今天試著去收復一下西羅馬？打不過，算了。

陛下，今天還要收復西羅馬嗎？

昨天被他們的狗咬了，等我傷好了一定要他們血債血償！

哼！

🌙 後來：偏遠的國土被入侵？打不過，讓給他們。

陛下，我們的邊境失守了！

那就給他們吧，等我養好傷再去收復失地。

最後，東羅馬基本只剩下一個孤零零的首都了。

終於在1453年，新崛起的鄂圖曼帝國攻陷了君士坦丁堡，東羅馬帝國徹底滅亡，綿延兩千多年的古羅馬文明也就此覆滅。

🌙 不過，曾經無比輝煌的古羅馬文明並沒有煙消雲散。它民主、法制的精神被後來許多國家發揚光大；它傳奇般的征服史，也成了無數人津津樂道的故事。

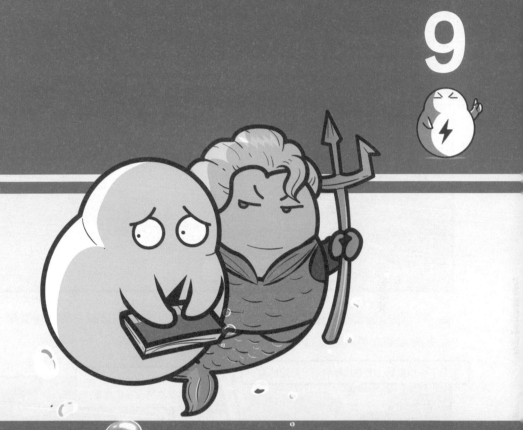

9

亞特蘭提斯

神祕的海洋文明

🌙 在人類漫長的歷史中，一個又一個文明，重複著誕生、興盛、衰落、消失的循環；一個又一個國家在荒野上崛起，最終又被黃沙掩埋，只留下殘垣斷壁供後人憑弔。

🌙 相比起那些已經被證實存在的古文明，只存在於神話和傳說中的神祕文明，總是更能激發人們的好奇心。

千百年來，有許多西方人在研究一個未知的文明——亞特蘭提斯，希望發現它存在的證據，甚至有許多考古學家，窮盡一生去尋找亞特蘭提斯。

亞特蘭提斯的傳說，最早出現在古希臘哲學家柏拉圖的書中，他寫道：在大洋的中心，曾經存在著一塊被海洋包圍的陸地，那就是亞特蘭提斯王國。

關於這個國家的具體情況，柏拉圖也描述得非常詳細。亞特蘭提斯的創立者，是希臘神話中的海神波賽頓，他生下了十個兒子，「亞特蘭提斯」其實就是他的長子的名字。

波賽頓把亞特蘭提斯按同心圓形狀分成了十個區，每個兒子管理一個區，而亞特蘭提斯最中央的圓心，是奢華的波賽頓神殿，用金銀和象牙裝飾著。

亞特蘭提斯有1200萬人口，除此之外，還有來自四面八方的商人，匯集在亞特蘭提斯的港口，貿易為這個國家帶來了無盡的財富。

亞特蘭提斯擁有強大的軍隊和當時最先進的技術，可以建造巨大的戰船以及無比堅固的堡壘。

🌙 周圍所有國家都害怕亞特蘭提斯，所以年年向它進貢。這個國家被金銀財寶堆滿了，人人都沉迷在奢侈腐敗的生活中，於是他們不思進取，日日夜夜享樂。

從今天開始，每天都是假日！一起快活吧！

🌙 在柏拉圖那個時代的9000年前，希臘人的祖先拒絕向亞特蘭提斯進貢，於是，亞特蘭提斯人暴怒，準備派兵滅掉希臘。

叫你們朝貢是看得起你們！
勇士們，滅了他們！

就在戰爭一觸即發時，其他的天神不滿亞特蘭提斯人奢靡的生活，決定用地震和洪水來懲罰他們。

結果一夜之間，亞特蘭提斯被大地震和大洪水摧毀了，宏偉的神殿連帶著金銀珠寶，全都沉入海底，至於那裡的居民，有人說他們全都餵了魚，也有人說部分倖存者躲在海底苟活……

🌙 所以在柏拉圖之後的幾千年裡，很多人想找到亞特蘭提斯，見證這個曾經輝煌的文明，看看他們的技術和文化到底有多先進。

就算是對考古不感興趣的人，也會被傳說中的金銀財寶吸引。

但問題在於……亞特蘭提斯並不好找！

🌙 柏拉圖寫了這個國家的方方面面，從興起到滅亡，但柏拉圖對它所在位置的描述，卻是含混不清的，就只有一句「大洋的正中間」。

後人並不知道，柏拉圖指的是哪一個大洋，就算確定了大洋的位置，柏拉圖所說的「正中間」也不好找，因為古希臘人並沒有測繪出某一個大洋的全貌，他們對海洋的認知很有限。

西方人憑藉著柏拉圖的文字尋找了幾千年，連亞特蘭提斯的毛都沒發現一根。畢竟海洋這麼大，要找到水下的城市談何容易。

找不到亞特蘭提斯，那就只能猜了。從古至今，關於亞特蘭提斯位置的推想，出了差不多2000份論文和專著，學者們彷彿把腦汁都榨乾了。

有些人認為，它比我們想像中離希臘更遠，就在今天的南極，已經被厚厚的冰層封住了，所以人類才找不著。

依據就是「地殼滑動說」，包括愛因斯坦在內的眾多科學家相信，地球的整個外殼，有時候是會滑動的，南極大陸之前壓根不在地球最南端，而是「滑」到那裡去的。

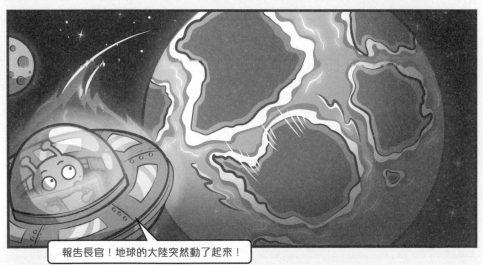

報告長官！地球的大陸突然動了起來！

而南極洲挖出的眾多古生物化石也表明，這裡曾經溫暖宜居，那麼就有可能孕育出亞特蘭提斯這樣繁榮的文明。

可能在9000年前，地殼發生了一次大滑動，本來溫暖的南極洲在幾個小時之內滑到極寒的最南端，亞特蘭提斯人來不及禦寒，一夜之間全部被速凍，而城市也被封在厚厚的冰層下。

另一種比較流行的說法是，亞特蘭提斯其實就在希臘旁邊，只是我們被柏拉圖誤導了。20世紀30年代，考古學家在希臘南方不遠處的克里特島上，發現了大量的古蹟，顯示這裡曾經有個強大的王國。

找了那麼久，沒想到在自己家邊上。

後來考古學家發現，這個王國居然和亞特蘭提斯一樣慘，一場火山噴發，加上隨之而來的地震和海嘯，它瞬間被摧毀了大半，而時間正是柏拉圖寫書的900年前。

原來還有這種國家！

就這樣，900年前這個國家毀滅了！

於是，有人懷疑這個王國就是亞特蘭提斯，而柏拉圖寫書的時候馬虎了，把「900年前」寫成了「9000年前」，壓根就是鬧了一場烏龍事件。

還有一些學者壓根沒分析文物和地理，只分析了柏拉圖本人，還有他的生活環境，覺得是柏拉圖瞎編出了亞特蘭提斯這個國家。

🌙 柏拉圖非常關心他生活的雅典城，他的很多演講和書裡，都表現出對同胞的不滿，柏拉圖覺得他們太墮落了，整天除了錢就是酒和色，今晚享樂完，明晚繼續享樂。

🌙 所以，他編造出了不存在的亞特蘭提斯，詳細描繪了它有多繁盛，然後又描述了居民怎麼墮落，讓國家遭天譴而滅亡，其實就是在影射雅典，變相告誡同胞生活要節制一點。

結果後世的人不懂他的用意，以為真的有一個金銀之國沉到海裡了，傻乎乎地都跑去找……可惜的是，烏龍事件也好，誤解也罷，我們都沒法直接去問柏拉圖的想法了。

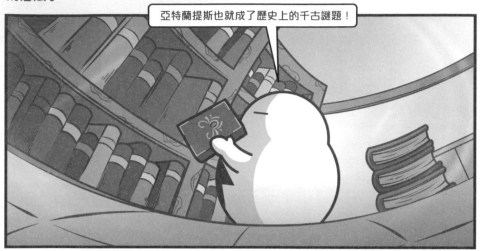

人類也不可能挖開南極所有的堅冰，更不可能翻遍每一片海底，去找那失落的古文明，大概只能碰碰運氣了，沒準哪天撈魚撈出了亞特蘭提斯的文物呢？

比起解開古文明之謎，現在大家更多地把亞特蘭提斯作為探索精神的象徵，西方國家有很多科考船，甚至是美國的太空梭，都以「亞特蘭提斯」來命名……

最後，雷雷給大家講一個恐怖故事，有沒有這種可能：9000年前不是有一批人沉進了海底，而是人類本來就在海底生活，而我們的祖先被放逐到了陸地，我們的文明說不定才是失落的亞特蘭提斯啊……

國家圖書館出版品預行編目（CIP）資料

賽雷三分鐘漫畫世界史／賽雷著. -- 初版. --
　臺北市：臺灣東販股份有限公司, 2022.04-
　1冊；17×21公分
　ISBN 978-626-329-155-3（第3冊：平裝）

　1.CST：世界史 2.CST：漫畫

711　　　　　　　　　　　　110022482

賽雷三分鐘漫畫世界史 3

2022 年 4 月 1 日初版第一刷發行
2024 年 10 月 15 日初版第二刷發行

著　　　者　賽雷
主　　　編　陳其衍
美術編輯　黃瀞瑢
發 行 人　若森稔雄
發 行 所　台灣東販股份有限公司
　　　　　＜地址＞台北市南京東路 4 段 130 號 2F-1
　　　　　＜電話＞（02）2577-8878
　　　　　＜傳真＞（02）2577-8896
　　　　　＜網址＞https://www.tohan.com.tw
郵撥帳號　1405049-4
法律顧問　蕭雄淋律師
總 經 銷　聯合發行股份有限公司
　　　　　＜電話＞（02）2917-8022

TOHAN